쉬땅나무와 나

하보경 시집

시인의 말

서로들, 같이 혹은 따로, 아무렇게나 다정하게 잘 살았으면

좋겠다.

차 례

● 시인의 말

제1부

어느 날 낯선 구름 안에 내가 갇혀 버린다면 —— 10

백만 년 동안 잘 익은 사과를 기꺼이 내게 주세요 —— 12

새 —— 14

쉬땅나무와 나 —— 16

출렁 —— 18

우리는 망고가 아팠지만 —— 20

새의 감정 —— 22

코드블루 —— 24

늪 —— 26

노란 새와 나와 입 —— 28

어느 시대의 변 —— 30

식물 아니면 동물이지 —— 32

주홍색 배를 가진 새가 나무 그늘에서 우는데 —— 34

일요일의 고양이 소파 —— 36

때때로 모르는 나라의 농담 —— 38

제2부

흰 꽃이 산방꽃차례에 달려 ——— 42

다정한 꿈 ——— 44

묵시록 ——— 46

첫사랑 ——— 48

꿈과 새 ——— 49

새 ——— 52

노란 새의 방향 ——— 54

새와 나 ——— 56

모과의, 모과에 의한, 모과를 위한 ——— 58

바르다, 바라보다 ——— 60

여름이 아닌 모든 것 ——— 62

유기견 ——— 64

목도리 X파일 ——— 66

노을 크로키 ——— 68

제3부

현관 ── 72

다정한 한 발 ── 74

겨울 철새 ── 76

꾀꼬리 ── 78

아메리카노 ── 81

눈꺼풀 ── 82

천 개로 흐르는 달 ── 84

가문비나무 ── 86

손 ── 88

레게고양이 ── 90

유기견 ── 92

앵무새 대화법 ── 94

스톡홀름 증후군 ── 96

샐비어 ── 98

제4부

소나기 그치고 ──── 102

바닷가에 앉아 ──── 104

씨 ──── 106

파란 피아노를 치지 ──── 107

한 사람의 숲 ──── 110

휴일 ──── 112

춘분 ──── 114

그림자 ──── 115

혹등고래, 그 ──── 116

동행 ──── 117

담쟁이 덩굴 ──── 118

뜻밖에 동백이 피어 ──── 119

앵무새 ──── 120

꿈 ──── 122

백지가 감정이 있어요 ──── 124

대담_하보경의 시세계 | 박성현 ──────── 126

제1부

어느 날 낯선 구름 안에 내가 갇혀 버린다면

그가 다녀간 일이 있다 그럴 것이다
어제의 어제, 그제의 그제, 이런 잔상들을 버리려고 애쓰지만

차고 따듯한 천지가 어울리고 뒤섞여
뭉게뭉게 끝도 없는 무늬를 게워내는
무진장한 그늘, 무량한 그림자

보이지 않게 흐르는 기쁨과 슬픔 들을
모두 토해낸다면
끝없이 밀어내며 밀려가는
저 구름의 뼈대를 쥐어짜고 흐르는 푸른 계곡과
빽빽한 숲을 후두둑 훑고 가는
거친 바람과 마주한다면, 그렇다면

그가 다녀간 일이 있다. 아니, 그럴 것이다
다른 시간, 다른 공간, 다른 생각이 합쳐서 하나가 될 때도 있지만

손을 내민다 할 일이 없을 때, 할 말이 없을 때
가만히 입술을 내민다 빗방울이 가볍다
마법처럼 사라진 새를 부른다

그가 다녀간 일을 알리려고 그가 왔다

백만 년 동안 잘 익은 사과를 기꺼이 내게 주세요

그늘은 그늘을 다독이며 길어진다
나는 나를 위로하며 자꾸 증발한다
괜찮아? 묻는 너의 목소리가 안 괜찮아 보여

새장을 빠져나간 새와
새장에 갇힌 새의 마음을 분류하다가
혼자서 열심히 노래하는 부엉이 시계를 보았지

사각의 파란 테이블 아래
럭비공처럼 긴장을 말고 있는 황금색 고양이

사과 생각에 골몰하던 거리
사과에 사과를 거듭해도 풀리지 않는 거리
사과만큼의 거리가 목구멍에 걸려 캑캑거려도

그저 그렇지, 아무것도 아니지
카푸치노를 목에 흘린다
동시다발로 위로하는 따스함
싱싱한 사과가 생각난다

그토록 원하던 진실

아무것도 아닌 하루, 우주 같은 하루가
그늘과 그늘을 지우며 황홀하게 저물고
지금 여기에 있는 나, 그대로 가만히 그대로

괜찮은 거지?
나는 자꾸 등이 가려울 뿐

새

숲속에 발을 들여놓지 마
가여운 새

새는 구름
새는 노을
새는 모자
새는 검은 하늘
새는 물빛

나무 아래 한 여자, 그 여자 아래 그림자

암회색 나무껍질과 시간이 만든 흰색 무늬가
비술나무에게 불어오는 바람을 얇게 세고 있을 때
멀리서 들려오는 새소리

새의 날개가,
전설처럼 눈부신 깃털이 물 흐르듯 흘러가던 하늘은
말이 없고, 생각이 없고
그저 텅 빈 하늘

혼자서 보는 노을
노랗고, 빨갛고, 까맣고

어떤 슬픔도 가능할 것 같은 색깔을
휙휙 뿌려대고
지느러미 흔들며 검은 하늘 속으로 사라지는

저 혼돈

쉬땅나무와 나

개개비사촌은 특이한 울음소리를 낸다
개개비는 거의 울지 않는다

애인이 떠난 날은 생각보다 쓸쓸하지 않아서 가끔 손톱 밑 연두를 떠올리기도 한다
길고양이가 비를 피해 파란 천막 아래 숨었다
천막 안 허공을 투득투득 두드리는 손님 같은 빗소리에 내 손가락이 고양이 소리를 낸다
손가락은 공이 되었다가 곰이 되기도 한다
자주 그런 건 아니다

비에 젖어 까매진 나무에 이상한 새가 흘러들었다

개개비인가
개개비사촌인가

새소리가 멀어지고
다시 빗소리에 잠긴
까만 나무에 잠긴

내 손가락에 잠긴

이상한 기운이 감도는 푸른 구멍

쉬땅나무와 나와
익숙지 않은 감정과 거리가 잠긴

개개비사촌은 울고
개개비는 울지 않는다

쉬땅나무에 가서 다 말하면 된다
울거나, 울지 않거나
쉽게 잠기는 것들에 대한 경의를 표하기만 하면 된다

손톱이 까맣게 되는 건 아니다

출렁

내가 그린 것은 아직 오지 않은 파랑이다
파랑이 사라지기 전에
모든 파랑이 거기에 있었다
파랑으로 넘치던 골목과 골목을 흐르던 바람, 구름, 새

빛들은 파랑으로 사라지고
골목으로 잠시 출렁인다

거품으로 소멸하여 흐르는 하양은
파랑으로 흘렀지만 이미 파랑을 모르는 파랑이다
파랑, 거품, 하양, 갑자기, 넌, 잠시, 아마
말 못하는 것과 안 나오는 것의 차이를 앓는다

슬며시 옆으로 눕는다
자세는 아직 모호하다
어떤 추억은 아주 낯설다

처음부터 아무것도 보이지 않았던 것처럼
끝까지 아무것도 들리지 않을 것처럼

하얀 동그라미들이 파랑의 존재를 잠시 확인한다
파랑은 혼자서 번지며 그의 부재를 들여다본다
없다, 사라짐, 부재, 존재

조금 늦은 저녁을 굽는다
골목은 아직 오지 않았다

우리는 망고가 아팠지만

노란 신발가게 앞
투명한 창 사이로
서어나무 푸른 그늘 사이로

망고를 먹으면 좋겠다고 생각하면서
길고, 깊은, 햇살이
서랍 속 그늘을 쥐락펴락하고

발걸음이 층계를 따라 올라가면
목구멍 같은 그늘도 함께 따라오는데
난 또 그것을 어쩌지도 못하고

망고를 먹으면 좋겠다고 생각하면서

우리 이렇게 늙어가도 좋은 걸까?
떠돌이 개에게 익숙한 눈빛을 던져 주고

이곳엔 구름이 흘러가고
이곳엔 미운 애인이 없고

망고를 먹으면 좋겠다고 생각하면서
우리는 걸어갔다
무릎이 아팠지만

와당탕탕 쏟아지는 소나기를 피하던
서어나무 푸른 그늘 아래서

우리는 자멸하진 않을 것이다

새의 감정

듣고 있나요?
조용히 혼자 만지는 비의 세계
걷다가, 뛰다가
날아오를 수도 있어요

세상에 하나밖에 없는, 없었던, 하얀 혹등고래처럼
외롭고 귀한 새
그런 새의 소리

오늘은 없고
어제는 있던 표정을 말해요
크게, 더 작게
멀어지라고 하더니
또 가까이 오라고 하더니
별빛이 흘러내리는 것도 아니고
달빛이 춤추는 것도 아니고
사방팔방으로 너울너울

그림자도 아니고

그늘도 아니고
그도 아니고
나도 아닌

어떤 새의 모양
그저 꽃바람에 들고 있지요

시작에서 시작으로
끝에서 끝으로 가는 감정
내 것이 아닌 감정

흰 구름으로, 먹구름으로 피어오르다
사라지는 감정
다시 모이는 감정

내 것인 감정
내 것이 아닌 감정

어느 새의 감정

코드블루

방금 전

따스하고 고요했던

숨

여행처럼 조금씩 다정해지는 잠

나타났다, 사라지길 좋아하는 길고양이

그녀의 눈동자,

해먹을 흔드는 바람

사라져서 남았다

새 발자국

검은 코끼리가 구름을 먹는다

망고를 먹는다

코끼리라서 좋았다

빛나는 이빨

새를 날리고

망개나무를 그린다

창문을 열었다
푸르른 모양
사라졌다, 나타나는 새

마음이 함부로 사라지고
모자가 멋대로 사라지고
코끼리가 멋지게 사라지고
고양이가 수상하게 사라지는
귀퉁이에서 사는 어떤 마을

혀를 굴려 발음하는 낯선 날들과
절룩거리며 다가오는 서툰 빛의 유영
새처럼 밝고, 새처럼 어두운 거리

코끼리라서 좋았다
망고라서 좋았다

여행에서 만난 구름같이 빛나고 아득한
하양

늪

그녀가 늪으로 사라지기 전에 본 것은 모두가 뒤엉켜 버린 혼돈이며
　마지막 남은 아름다운 세상이었다

늪 주변엔 서늘한 바람이 불었다
나비가 초록 숲에 발을 딛는 고요만 팽팽할 뿐이었다
내리꽂히는 햇살이 그 늪 주변을 서성거렸고
가끔가다 잠자리만 대 주변을 팔랑거릴 뿐이었다

남은 자들의 애통함은 숲의 건너편까지 갔다가
오백 년도 더 먹었다는 무슨 나무에
튕겨져 돌아오곤 했다
밤이면 늪의 흐느끼는 소리가 들렸다

자기에게 다가온 생명을 블랙홀처럼 빨아들이는 일
그 생명이 다시 늪이 되어 버린 후
블랙홀의 눈으로 돌아온 늪의 고요가
다시 새 생명을 부르는 일은
해 뜨고 해 지는 일상이 되어 버렸다

한낮의 고요를 덮치고 순식간에 저지르는 늪의 만행은
완전범죄이다

늪이 서늘한 이유였다

노란 새와 나와 입

노란 새는 울음을 접어 숲의 깊숙한 곳으로 밀어 넣었다

먼 데서 산그늘이 가까이 내려오는 날
노란 새의 울음은 숲에서 하나씩, 느리게 밀려 나왔다
나무는 간간이 지나가는 바람의 형태에 몸을 맡기고
너무 슬프거나, 아주 그리운 사람처럼 작은 노래를 불렀다

지나가는 아이가 지나가고
큰 공을 차는 아이가 큰 공을 찬다
어제와 오늘은 같았고, 또 달랐고
오늘과 내일은 다르고 또 같아질 것이다

누군가를 보고 싶다고 생각하거나
누군가를 보지 않았다는 생각을 했다

노란 새를 찾고 싶다는 생각을 했고
노란 새를 찾지 않았다는 생각을 했다

노란 새의 울음을 조금씩 저울에 달면서

지나가는 아이처럼 적막한 숲을 본다
작은 새의 부리가 반짝이는 건
숲에 사는 달빛 때문이다

노란 새가 그냥 사라지는 건 아니라고 했다

어느 시대의 변

웃음과 평화와 군중과 고독과
전쟁은
순식간에 뒤죽박죽이 될 수 있다는 걸
꿈꾸는 듯한 현실에서 본다

꿈에서는 모르는 아이가 와서 나를 흔들었다
눈을 뜨고 있었는데 자꾸 흔들렸다

벼랑 아래로 계속 떨어졌다가 다시 올라가는 구름이 있었다
구름이 아니고 눈동자였을까

숨어버린 아이와 숨는 어른은 같은 모양의 별을 가지고 논다
어느 오후에 말이 작아졌다. 소리도 숨는다

빛이 적어졌다 반짝이는 오후가 있다는 걸 잊어버릴 수가 있다
지금이 그렇다 모르겠다 뒤죽박죽이다

아는 사람들을 안 만나는 오후

아는 사람들은
구름과 빗방울과 숲과 새
아는 사람들을 만난다 꿈이다

풍경에서 나오는 인상을 디테일하게 그리기 힘들다
아니, 쉽다 뒤죽박죽이다

도시엔 작은 섬들이 많이 생겨난다

마치 어디에나 다녀올 수 있는 사람처럼
신발을 신는다

마스크를 쓴다

식물 아니면 동물이지

네 방엔 날씨가 먼저 들어온다
곱은 무릎을 펴고 새처럼 인사하네

안녕, 안녕, 포르르르, 난 새야, 진짜 새

층계는 바람을 남겨두고 골목을 따라 가버리고
커튼을 치면 방에서 날씨가 쏟아지지

여름이 오고, 또 여름이 오고
구름이 피어오르고, 또 구름이 피어오르고

솔송나무에 앉은 새는
지렁이를 잡는 노래를 부르네

사각의 틀에서 새를 날리고
날린 새를 다시 잡아들이고

층계를 굽거나, 골목을 구워내는 일은

여름이 오고, 또 여름이 오는 일과 같아서
구름이 피고, 또 피어오르는 일과 같아서

자꾸 슬퍼지거나
자꾸 그립거나

안녕? 안녕? 포르르르, 포르르르
난 새야, 진짜 새라니까

주홍색 배를 가진 새가 나무 그늘에서 우는데

벤치에 앉아 있는 두 사람

한 사람은 땅을 보고
한 사람은 하늘을 보고

색색으로 물든 나뭇잎이 새가 되어 발치로 떨어지는 걸 보다가
흰 구름이 퍼져서 하얀 악어가 되는 걸 보다가
한 사람이 일어섰어
악수를 하며
어깨를 두드리며

나무그늘이 옮긴 자리에 오후의 햇볕이 쏟아져 내리는데
맑게 들리는 새소리
아랫배가 주홍색이야
저렇게 예쁜 새

웃으며 악수하고,
웃으며 악수하고,

웃으며,
웃으며 툭, 떨어지는 것

그러고 보니 우리가 처음 만났을 때도 새를 본 듯해
아랫배가 주홍색, 배가 주홍색, 주홍색 배
더 이상 아름답지 않은 풍경
더 이상 예쁘지 않은 새

한 발 한 발 무겁게 걷다가
뒤를 돌아보지 말아야지

주홍색 배를 가진 새가 나무에서 우는데
누군가는 아직 벤치에 남아 있는데

이유 같지 않은 이유라도 찾아보려고 애쓰는데

일요일의 고양이 소파

좀 멋지게 날아볼 걸 그랬지?
잠을 깨고 다시 잠을 자고, 또 잠을 지우면서 말이야

순간은 영원과 같은 말이라고 B가 그러더군

눈을 감아봐 상상해보는 거야
좀 더 멋지게, 아름다운 꿈을 위하여

구름을 잡아봐

저기 은사시나무를 지나 먼 산을 막 넘으려고 하는 구름
구름 한가운데를 뚫고 빛이 환하게 쏟아지네

고양이 물루가 빛을 뛰어넘어 다시 돌아오는 사이
잠을 깨고 어딘가 가야 하는데
잠은 자꾸 진지하고도 모호하게 깊은 늪으로 들어가네

사람들은 어떨 땐 희미해지고
또, 조금은 웃는다는데

오늘을 기억하고, 잊어버리고
오늘을 위하여 존재하거나
내일을 위하여 존재하거나
선택하지 않는 것을 선택하거나

그저 이런 일요일의 고양이 소파

이상하다 그치?

때때로 모르는 나라의 농담

빛이 있던 아침과 망고
사슬을 끌며 눈물 흘리는 코끼리

네, 어떨 땐 슬프고, 때때로 조금은 기뻐요
아직 먼 곳의 기분을 놓아줄 형편이 아니라서요

괜찮아, 괜찮아하며
빛을 걷고 있어요

비밀처럼 다가오는 고양이 물루같이
조금은 확장된 세계의 꿈을 꾸는

오래 알던 색깔처럼 낯선 경계를 지우며
조금씩 다가가서 침묵으로 거리를 채우는 동안

제 마음에 아직은 새를 키우고 있답니다
노래를 불렀어요
새와 새와 새를 말이에요

고양이의 악몽은 무엇일까요?

노을을 등지고 선 모르는 나무에 내가 아는 노란 새가 살아요
물루의 웃음이 농담이 되는 오후군요
네, 조금 웃어요. 그럴 수 있지요
농담이에요

우리는 다른 방식으로 인사할 수 있어요
눈만 껌뻑이며 마스크를 쓰고
코끼리 등위에서 브이 자를 그리네요

김치, 치즈, 스마일
네, 모두 웃어요. 그럴 수 있어요

정말 농담이에요

제2부

흰 꽃이 산방꽃차례에 달려

나는 이 말이 얼마나 예쁜지 모르겠다
흰 꽃이라는 말도 예쁜데, 산방꽃차례라니

총상꽃차례에 달리거나
취산꽃차례거나
원추꽃차례

꽃차례라는 말
꽃이 차례차례 핀다는 말일까

질서와 안정과 무리와 평화가
이 말속에 다 들은 것 같아
자꾸만 정겹게 발음해 본다

범의귀과 말발도리속 물참대와
범의귀과 말발도리속 빈도리와
범의귀과 말발도리속 애기말발도리는
같은 과 같은 속이라는 사전의 설명이

수국과 나무수국과 산수국에 대한 설명이
바위수국과 까마귀밥나무와 고갈나무에 대한 설명이
차례차례 정다운 사전의 설명이

정겨운 우리나라 풀과 나무들의 이름이
불러보면 불러볼수록 예쁘고 귀한 아기를 부르는 것처럼
말과 말이 꽃이 되어 발음 아래 차례차례 달리다니

다정한 꿈

누구의 손인지 모를 흰빛이 교차하고
화려한 꽃다발 문양이 순간, 스쳤어

세 사람, 네 사람, 어느 한 사람
모르는 공간은 이미 아는 공간이었어

시간은 무기력하게 공간을 줄였다 늘리고
꽃잎 다섯 장의 끝은 비스듬히 말려 있었어

나는 좋아서, 그냥 좋아서 소리 없이 하하하 웃고 있었는데
소리는 자꾸자꾸 내 목을 감아올려

빛이 폭죽처럼 기어이 부서져 내리는 거리
검은 모자 속 작은 새는 검은 모자에 둥지를 틀고

두 사람, 한 사람, 이상한 사람
누군지 모를 흰 손은 흰 손을 슬그머니 놓아버리고

사라지는 중, 엉킨 실을 자르는 중

물끄러미

꿈을 깨면서, 꿈을 꾸면서
모서리를 지우면서
사방으로 꽃을 피우는 재채기

흰머리에 흰빛이 나는 오래전 얼굴이
이상하게 다정해서
자꾸 꿈을 꾸는데
또 자꾸 꿈이 깨어

슬프고 어쩐지 또 다정한 꿈속에서
사라지는 중, 나타나는 중
한 사람, 또 한 사람, 다정한 사람

묵시록

지겹고 근심 어린 조언을 들으려고 이어폰을 꽂고, 마이크를 샀다
아니 마스크를 샀다

알파와 베타와 오메가는 몰아치는 폭풍 속에서 중심을 잡으려고 애썼으나
각자의 잡은 손을 놓고 멀리 튀어야만 했다

되는 것도 안 되게 하는 자와 안 되는 것도 되게 하는 자가 맞붙어 한판승을 하는 사이 폭풍의 눈은 점점 커졌다 폭풍의 눈을 단 신이 단상에 섰다

이건 신이 내린 저주요, 신이 내린 저주라고 우기던 신은 저주가 걸렸다
때마침 소나기가 우산 위로 떨어지고
빗방울처럼 생긴 반항은 우산 속에서 데굴데굴 굴러다니며 의혹을 키웠다

이건 세계가 아니야, 까만 고양이 물루가 나무 위 작은

새를 뚫어지게 본다
    안 맞는 퍼즐을 맞추며 고요에 적응한다

    숲으로 들어가는 고립과 고독을 데리고
    군중은 얌전해지기로 결심했다

    이건 거래가 아니다

첫사랑

눈이 내렸다. 첫눈이다. 첫눈, 함박눈

눈은 쌓이고 쌓이고, 쌓여서 눈부시게 하얗다 두께를 가졌다 밟으면 폭폭 찍히는 발자국
누구의 발자국일까 일자로 줄지어 찍힌 이런 모양, 길고양이나 노루일 거라고 생각했다
부드럽게 차가운, 차가우면서 따뜻한 흔적을 보며 우리도 자꾸 걸어갔다.
누구도 먼저 말이 없었다

첫눈은 계속 쌓였고, 쌓여서 눈부셨고 우리는 빛나는 그늘과 우리를 따라오는 그림자를 보았고 자꾸만 폭폭 찍히는 발자국을 보았다
나무마다 목도리처럼 그늘을 두르고 서서 귀 기울여 새의 노래를 들었다
당신도 허밍으로 낮게 노래를 불러주었다

지금은 그것만 생각난다

꿈과 새

사라지는 새, 쌓이는 새
새야, 작은 새야

작은 바람에도 이는 파문
그늘이 흔들리고, 그림자도 흔들리고
나도 물론 신처럼 흔들렸어
철철

새는 그리운 줄도 모르고

감람나무에도
배롱나무에도
생강나무에도 버젓이 앉아 있었지만

나는 그것도 모르고

새가, 작은 새가 질서도 없이
갑자기 사라진 표정으로 만든 아침에 앉아
밥을 먹고 국을 먹는다. 나는 먹는 사람

현관에 서서
푸른 성당을 멀리 보고 있었고
담쟁이덩굴 아래 웅크려 있는 꼬리 잘린 길고양이를 보고 있었지

새가 어디로 사라진 줄도 모르고

나는, 목이 작은 나는
자꾸만 침묵처럼 새를 불렀어

하루가 이틀이 되고,
이틀이 사흘이 되는 속도로
가는
시계를 차고

사라진 새, 사라지려는 새
새야, 작은 새야

새는 그리운 줄도 모르고

새

새가 사라지고
겨울

바닷가에
모자처럼 눌러앉아 하얀 갈매기를 그렸다가
철썩거리고 오는 파도와 먼 곳에서 보이는 수평선과 그 위로 흘러가는 구름이
마치 처음 보는 풍경인 것 같아

눈을 뜨고, 눈을 감고, 또 눈을 뜨고
검은 코끼리 등에 앉은 작고 노란색 새를 그렸다가
새였지, 잃어버린 것이
아니, 사라진 것이
그림자

초록이 빛나는 숲속에
새끼를 위해 벌레를 물어오던 긴꼬리딱새의 푸른 눈을 도넛처럼 그렸다가
새였지, 잃어버린 것이,

아니, 없어진 것이
단순한 노란색, 신비한 노란색
심장이라 불리던 노란색

새가 사라지고
기억
추억, 망각, 실종
주어도, 버려도 부메랑처럼 되돌아오는
새

먼지처럼 눌러앉아 먼 곳을 보는

노란 새의 방향

규칙을 정했지

지도를 지우고, 시간을 지우고
우산을 접고, 그림자를 펴고
입술을 오므리고

먼 먼 나라에서 온 아름다운 새
부드럽고 눈부신 노란 깃털
햇살을 통과한 순한 나뭇잎들의 발음으로 명령하는

사라졌다 나타나는 새
순간의 바람으로 흐르는 구름
구름으로 흐르는 새
노란 소리로 흐르는 새

아무것도 남는 것이 없이 모두가 남은
새, 새들이 유리창으로 쌓은 성
창문을 열지 마
새가 나가요

시시하고 하찮았던 새 한 마리가
지구 같고 우주 같던 노란 새 한 마리가
새어 나가요

성안엔 노란 깃털이 쌓여 있어

지도를 넘고, 시간을 넘어서
우산을 펴고, 그림자를 접고
입술로 발음하는
가까운, 아주 가까운 나라

노란 새의 방향으로
순하게 발음하다
통증에 걸려, 콱,
숨이 막혀버리는

새와 나

나는 상상으로 태어난 아이
하지만 나의 노란 새는 없다

왼쪽으로 굽은 골목을 돌아
가파른 층계를 올라간다
그 경계 어디쯤 새가 있을 것이다

저녁에 우두커니 서 있는 나무는
바람과 구름과 노을로 번진다
번진다는 것, 스민다는 것
나무는 노란 새가 아니다

단 하나의 나의 새
노란 새는 어디에도 있고, 어디에도 없다

슬그머니 어깨에 앉아 온 새가
소리도 없이 사라진 날

나무가 '우우' 소리를 낸다

소리를 앓는 나무와 색깔을 잃은 새가
저녁으로 번진다

노란 새는 하나의 세계를 열어놓은 채
체온이 뚝 떨어진 하늘로 날아가 버렸다

노란 새는 소리 없이 비명을 질렀을 것이다
하나의 세계는 하나의 비명을 판독하지 못한다

노란색 풍경은 노란 새를 낳고
노란 새는 이제 검은 하늘에 없다

나는 단순한 표정으로 얼어붙을 수 있다
나를 보내고 너는 오래된 기침을 한다

너의 노란 새는 나의 노란 새가 아니다

모과의, 모과에 의한, 모과를 위한

느끼니?

어느 별과 별에서 내게로 쉬지 않고 달려온
빛들을 살풋살풋 걷다 보면
일 년 전, 십 년 전을 건너던 기억들이
모과의 향기처럼 우리를 아련히 감싸는 순간이 온다는 거

그걸, 그저 유럽의 낯선 골목에서 만나 눈빛을 교환했던 검은색 줄무늬고양이라 해도 좋고
  높다란 나뭇가지에 걸려서 햇살에 흔들리고 있었던 꽃 같은 노란 모자라 해도 좋아
  흐르고 흐르는 강 중에 유달리 푸르게 흐르는 하나의 강을 골라 강변을 걸었지
  골목과 골목이 맞닿은 곳에 다다른 하나의 골목을 단단하게 걸었어

까만 눈동자가 빛난다고 생각했어,
  발음이 아름답게 흘러나오는 순한 입술 같았어
  촛불을 들었고, 기도를 했다고 생각했어

평화로운 하늘을 흘러가는 새, 새의 날개

느끼니?

바람이 없이 고요한 날이라고 생각했는데 갑자기 나무가 바람에 살살 흔들리네
모과가 나무마다 소원처럼 조롱 조롱 매달려
모과를 저미고, 모과를 절이는 손들

촛불을 든 손같이 향기로운 손

바르다, 바라보다

시간이 가는 것과
내가 사는 것
길고양이를 바라보는 것과
개를 패는 사람을 보는 것

백서향은 흰 꽃이 핀다고
꽃받침 잎 바깥쪽에 털이 많다고
이것은 사물을 바르게 설명하는 이야기

물참대꽃이 바람에 흔들려 싱그러운 향기를 뿌려대는 곳에서
　사물을 바르게 설명하는 이야기를 보는데
　사물을 바르게 설명한다는 이야기를 보다가
　바르다는 말이 들어온다

바르다는 말은 얼마나 바른가

백두대간에 앉아, 물참대꽃 앞에 앉아
사물을 바르게 설명하는 책을 가지고

남부 지방에 많이 자생한다는 백서향을 보는데
　뜬금없게 남, 북이 이렇게 따로 사는지도 오래되었지 하는 생각

　개를 패는 사람과
　그 개를 패는 사람을 똑같이 패버리고 싶은 사람과
　그 패는 개를 먹는 사람과
　그 개를 패는 사람을 보고도, 그 맞는 개를 보고도
　아무 생각 없는 사람

　이유도 모르고 얻어맞고 죽는 개

여름이 아닌 모든 것

하얀 벤치가 있다 턱시도가 어느새 다가와 앉아 있다

공을 차는 아이는 연신 공을 찬다
아이는 뛰다가 걷다가 뛰어오르다가 땅으로 한 바퀴 굴러오는 햇살을 집어 들어 던진다
긴 포물선을 그린다 웃음을 날린다

파란 단풍나무를 보러 간다고 했다
긴 생각을 짧게 말하는 버릇이 있다 너는

덥지도 춥지도 않은 중간 발음으로
서로를 위로한다 일방적이다

가을은 너무나 멀어서 달아나기 쉽다고 했다

폭풍이 오기 전에 하루는 비참하게 고요하다 폭풍을 잃어버리는 아이가 된다
잎새가 갈색으로 마르기 전에 나무는 자기 안에 갈색을 발견 못한다

하얀 벤치가 있다. 턱시도가 가고 고등어가 왔다
"야옹"
저들처럼 단순 명쾌한 발음의 위로라니

공을 차는 아이가 가고 자전거도 가고
풍경을 바라보던 노인은 풍경을 바라보던 눈을 데리고
풍경 속으로 사라진다

어제가 미완성으로 완성된다

유기견

개는 나를 읽고
나는 개를 읽고

안녕,
어제가 사라진 골목

골목은 골목을 그리워하고
개는 개를 중얼거리고
눈동자가 미끄러지는 문
발바닥이 희미한 장소

개는 나를 보고
나는 개를 보고

안녕,
어제 불던 바람

어제 보았던 나무
오늘 지나가는 개

익숙한 웃음

낯선 언어로

골목을 그리워하는

걔는 걔를 사랑하지 않고

나는 나를 중얼거리네

북촌 카페의 유리창을 흐르던 투명한 구름

개는 나를 보고

나는 개를 읽고

망개나무 푸른 잎을 흔들거리는

겨우, 겨우, 개를 붙들고

개를 토하며

목도리 X파일

기린이 있지

목이 긴 기린에게
어울리는 목도리를 선물해 주고 싶었어

목이 길다고 그가 늘 목도리를 좋아하는 건 아니야
한 번씩 유난히 목이 시릴 때가 있지
그럴 땐 멋진 여우 목도리를 선물해 주고 싶지

기린과 여우
어울릴까?

그렇다고 구름 목도리를 선물할 수는 없잖아
구름 목도리는 어딘가로 자꾸 흘러가버려
이 나무, 저 나무 속속 숨어 들어가는 작은 새처럼
잡을 수가 없거든!
너무 도도해

여우의 발자국이 북극의 눈밭에 찍힌 이유를

여우 목도리에게 물어볼 수는 없잖아

기린의 긴 목이
단번에 불타버릴지 모르겠네
기린의 목이 불타기 전에
빨리 악어를 찾아봐

마라 강을 건너는 새끼 얼룩말을
목도리로 만들려고 하는!

노을 크로키

하늘로 날아가는 비누 거품
버블버블, 부비부비

빨강
노랑
파랑

왼쪽과 오른쪽으로 나눠진 길
흐리게 말하고
속도 없이 듣고

내려오는 중
올라가는 중

딱 한 번만 이별하기
길고양이에게 말 걸기

어제 냉장고 문에 박은 머리
오늘 더 아프다

하늘로 날아가는 머리
작은 나무에 앉은 머리

새가 운다
허공을 물들이며 새가 운다
내일이 그리운 새

빨강새
노랑새
파랑새

새의 심장이 뛴다
강물이 뛴다

펄떡거리며 다가오는 물고기
흔적 없이 너를 읽던 눈동자

빨강

노랑

파랑

여자의 가느다란 손가락이 쏟아진다
서늘한 코피가 쏟아진다

딱 한 번만 이별하자
진지한 농담이 우주로 번지는 속도

버블버블
부비부비

제3부

현관

산과 바다, 건기와 우기

경계에 서서
신발을 벗고, 신발을 신는다

신발을 받아주는 바닥은
연속 사방 무늬

사방 무늬 안에는 어미 코끼리가 들어 있다
어미 코끼리는 아기 코끼리를 품고 있다
아기 코끼리는 눈을 꼭 감았다

방향에 대한 작정이랄지, 마음의 동요랄지
아무 상관없다는 듯

경계가 경계를 지우고
경계가 경계를 낳는 동안

빛은 스스로 어둠을

어둠은 스스로 빛을 생성한다

코끼리와 눈이 마주친다
이봐 B
신발이 너무 심각하군
그게 무엇이든 조금만 내려와

코끼리가 껄껄 웃는다

다정한 한 발

못 만났어요
누가 시킨 것도 아니지만
마음이 그렇게 갔어요

어디선가 개개비가 울어요
쇠개개비 둥지 안에 뻐꾸기 알이 있어요

아직은 복잡해요 단순하게 생각하려고 해요
들판에 아지랑이가 피어올라요

숲 속에서 곰 만난 듯 화들짝 놀라서 멀찍이 피해 갔지요
뒤통수만 멀거니 바라볼 때도 있었어요

스스로 위로하고, 스스로 다짐하고, 때로 의심을 해요
이게 사는 건가 싶다가도, 이렇게도 사는 거지 생각했어요
벌판에 홀로 선 나무같이 비바람과 눈을 홀로 맞아요

그런 것 같아요, 마음이요, 형태가 없으면서 있는 것 같아요
내 안을 우물처럼 만들어 그 속에서 나를 들여다보지요

지금은 아직이에요, 그저 잘 계신다는 소식만 듣고 있어요
이해하지 못하는 많은 날들이 흐르죠

못 만나면서, 못 만나는 걸 견디면서
우리는 한 발 한 발 빛으로 걸어 나가요

겨울 철새

오후 세 시에 만나
M이 말했다

해가 빨리 지는데
S가 말하려다 삼킨다

하천엔 얼음이 얼었고
하늘엔 세 마리의 새가 날아갔다

눈이 오려는지 하늘은 잿빛이다
미세먼지일지도 모른다

나뭇가지 꼭대기마다 까치집이 보인다
나무가 바람에 흔들리면 그들의 집도 흔들린다
그러나 나무를 굳세게 믿는 것이다 그들은

왜 안 와?
S가 말했다

노을은 진리야

M이 말하려다 삼킨다

골목을 돌아 몇 걸음만 걸어가면 S의 다락방이 보인다

눈물도 진리야

M이 말하려다 삼킨다

층계를 올라간다

열한 개만 더 올라가면 돼

왜 이제 와?

M이 M에게 말한다

꾀꼬리

휙, 무엇이 날아오르는가 싶더니
순식간에 새는 이 나무에서 저 나무로 날아갔다

배가 노랗고 날개 끝은 까맣던가?
꼬리는 하얗던가?
푸른 하늘에 비친 눈부신 노란빛이 잔상으로 남아 황홀했다
빈 병을 후후 부는 소리를 냈다

참새와 까치의 중간 크기였다
내가 알던 꾀꼬리와는 다른 꾀꼬리
상상과 실재의 괴리
참새처럼 야무진 울음소리를 낼 것 같았는데
까만색 몸빛을 가졌을 것 같았는데
생각보다 명랑한 색을 가진 귀족이구나
속이 빈 듯 신비로운 소리

새는 높은 곳에 홀로 앉아 열정적으로 짝을 찾는 노래를 부르는데

내가 상상하던 새와 전혀 다른 새라는 게
믿기지 않을 만큼 낯선 사실이니까
오늘부터 난 꾀꼬리를 더 이상
내가 알던 꾀꼬리로 말하지 않아야지
예단과 예측은 다른 말
확신을 가진 상상은 이렇게 낯설게 훅을 맞기도 하지
그나저나 멋진 짝이 나타날까?

신비로운 시간
귀한 공간에 초대된 느낌
오늘은 운이 좋았지
모든 게 다정해지고 아득해진다
세계는 하나고, 너와 나도 하나고
그러니까 하나같이 잘 살아야지
긍정적인 기분
가까운 느낌이 더 가깝게 오고
먼 곳의 시간이 더 멀어질 때
우리는 차고 넘치는 어떤 것을 모아
기도하듯

새를 그린다

하루가 기꺼이 가주고
또 다른 하루가 다정하게 와 준다면 말이지

아메리카노

어떤 구름의 등엔 새소리가,
그것도 등 굽은 새소리가 숨어 있다지
물방울을 부르면 새가 되어 나오는 오후

잠시 구름의 지문이 촉촉해지는 순간을 지나
맨발을 가진 새들의 무릎을 지나
건기와 우기를 오가는 짐승 발자국을 지나

그늘이 묽어지고
누군가 다녀간 신발이 기억나고
수평과 충돌하는 빗방울들
통증으로 자라는 뿔을 자르고

익숙한 층계와 나와
물방울새와
그립지 않은 표정으로

눈꺼풀

깊은 바다

깊은 동굴

동굴을 나는 물고기 떼

창백한 상어

그 속, 또 그 깊은 속

난 늘 허방을 헤매고 다니기로

지나가는 목소리

눈이 없는 물고기

동굴 속 갈매기를 삼키고

내 붉은 등뼈를 먹는다

막다른 길은 나오지 않았으므로

부유하는 모든 것들

깊은 바다

깊은 동굴

열세 번째 애인으로 자라는 돌

신의 무늬를 기억하는 물결들

시계를 모르는 잠

불끈 솟아오른 팔

바닥에 눌어붙은 가오리

블루홀 여행 티켓

머리카락이 서 있는 동안

해는 시시해지기로

깊은 바다

깊은 동굴

문득

천 개로 흐르는 달

지구의 어느 나무엔 달이 천 개나 흘러내린대

마른 나무에 연둣빛 물이 오르고 너는 그곳에 앉아 있었어
　미래의 어느 곳에서 갑자기 지구로 떠내려온 외로운 사람처럼

분홍색 꽃잎이 하늘을 흔들고 있을 때 눈을 들어 캄캄한 하늘 저 먼 곳을 바라보았어
　지구는 자꾸자꾸 환해지고

말을 하는 새와 말이 없는 나무 사이에
　시간이라든지, 공간이라든지 하는 것들을 초월하여

아득히 멀리 있는 것들이 마음속에 살포시 들어와 앉았고
　바람은 크기와 넓이를 재는 각도로 시시각각 네게 돌아왔어

　이곳에 있던 기억이 봄밤에 흩날리는 벚꽃잎같이 한 장 두 장 떨어져 내려

네 어딘가를 두드릴 때

어둠을 컹컹 짖어대던 들개의 소리가 잦아들었고, 넌
나무를 지나 강으로 흐르던 천 개의 달을 무심히 바라보
았지

거꾸로 된 시간을 돌리고 돌리려 애쓰지만 쏜살같이 앞
으로 흐르는 달들
불안과 신뢰가 공존하여 아스라이 가물거리던 그곳

강가 어디쯤에 던지고 온 우리들의 반짝이는 조약돌이
있을 것만 같아
그것이 자꾸만 발에 밟힐 것만 같아
주절주절 서성이는 마음들

이 밤은 또 오지 않으리라는 걸 알면서도
넌 자꾸 흘러가는 달들을 주우려, 주우려고

가문비나무

나무 안에 살던 푸른 짐승이
바이올린을 켠다

바다로 흐르지만, 결코 바다가 되지 못하는 오카방고 습지*의
수천 마리 물소 떼며, 코끼리 떼
기나긴 건기, 사자들에 대해

흰꼬리수리의 기나긴 비행과
그들이 건넌 낮과 밤에 대해

살아 있는 화석인 투구게의 질긴 눈망울에 대해 생각한다

삶을 관통하는 수많은 그늘에 대해

늘 맹목이었던 빛에 대해

툭툭 놓아버렸던 힘없던 팔들에 대해

오래 생각한다

푸른 짐승의

속울림이 맑게 흐른다

* 다큐멘터리.

손

내밀어 보세요

그건 혀예요

혀는 조롱과 감동을 구분 못해요

조롱 속에 든 새도 그건 알지요

나는 따스함을 원해요

슬며시 잡아 주는 법

체온에 체온을 보태는 것

슬며시 스미는 것

노을이 하늘에 스미고 바다에 스미고

스며든 자신조차 없이 사라져 버려요

산양은 왜 가파른 절벽만 좋아하는지

모르겠어요

날개가 달렸다면 참 좋을 텐데

뿌리가 있어요

흙을 단단히 움켜쥐었죠
흙이 움켜쥔 건가요?

뿌리의 힘이 풀릴 때면
아마 서로 자연스레 놓아주겠죠

레게고양이

이름이 뭐니 고양아

개망초가 질기게 피었다 지곤 했다
무덤 앞에서 낮게 노래를 불렀다

여기서 살아도 괜찮아
마음대로 해도 괜찮아

앉은 부채가 목마르게 기다리는
파리, 거미, 땅강아지에게도
노래를 불러주렴

인생은 개뿔도 뭣도 아니야
그저 길 잃은 서러운 고양이야

산 자와 죽은 자 사이에
흐르는 도도한 강

자조의 웃음

무언가 들켜버린 저녁

길이 길을 먹어버린
달

질주하는 그늘들에
쐐기를 박아주렴

유기견

뻐끔, 뻐끔 출렁이는 눈동자
하늘로 날아가는 물고기
쏟아지는 지느러미, 새의 날개

툭툭,
돌멩이를 차듯 층계를 내려온다
낯선 층계
낯선 골목

그림 안에서 우리의 그림자는 자유로워
네 하얀 손의 그늘도 자유롭지

우연히 산 파란 장화
구불구불한 길
부풀부풀한 길

살아서 숨을 쉬는 물소리, 눈빛들
물의 그늘에서 하염없이 풀려나오는 발음들
쏙 내민 입술에서 춤을 추는 발음들

잊혀진 목소리 하나 주우러 갈 때

뒹굴뒹굴하는 붉은 뺨

우리가 사라지기 좋은 계절

앵무새 대화법

누구나 똑같은 발음으로 간을 보는 건 아니에요
한때 당신의 발음이었던 내 웃음

꿈도 꾸지 못했던 아침엔
쭈그려 앉아서 웃음의 표정을 세어 보아요

하얗게 말라버린 목구멍을 주워
달달 털어보는 새, 그 사이

어떤 풀에겐 질문 대신 대답을 해요

내 목의 그늘을 다 풀어 놓으면
그대가 내게 내민 발음의 의미가 날아오르죠

꿈속에서도 한 생은 절벽을 기는 산양
푸르른 것
푸르다 못해 서늘한 촛불

바라보다가

계속 바라보다가
자꾸 왼쪽으로 가는 것

발음을
툭툭 뱉어 버리고
의미를 내어주고 난 뒤
당신은 뜨거운 목구멍이 되었죠

발음의 표정은 어땠나요?
표정을 배우는 울음의 목구멍이
푸르른가요?

내 웃음은 어땠나요!

스톡홀름 증후군

반쯤 접은 외투 속으로 들어간 시간
그 시간에 나비가 스며들었다

나비는 나이면서, 내가 아닌 시간들

봄 그늘에 핀 현호색이면서 바람꽃
아기 때부터 꽃을 피우는 뽈냉이이면서
후투티가 우는 시간

곤줄박이, 오목눈이가 날아다니고
직박구리, 할미새가
알을 낳는 둥지 속 깃털의 시간

일생 천 번의 사냥을 하는 사자의 시간이면서
가질 수도 쥘 수도 없어
층층나무 사이로 날아가 빛처럼 쏟아지는 나비의 시간

커다란 악수와
작은 심장과

삼월의 어떤 비밀의 숲

뭐라고 설명하지 않아도 좋아
낯선 표지에게 인사하지 않아도 괜찮아

나비가 꽃이 되고
나비가 새가 되는

나이면서, 내가 아닌 시간들

샐비어

푸른 뱀이 골목을 물고 사라진다
오후 세시

골목은 너를 물고 뒷걸음친다

노래하고 싶었던 것은 어제의 일
오늘은 애써 침묵해야지

반올림으로 가볍게 뛰는 법을
새에게 배운다

바람이 풍경을 흔들고
풀을 흔들고
너는 오후 세 시에 스페인 세고비아로 떠났다

오늘은 뿌리 돋는 자리가 깊다
왼쪽으로 가려던 길을 접고 오른쪽으로 간다
층계는 맨발을 내민다

너를 보내고 나는 샐비어를 심었다
세비야 대성당을 배경으로
너는 웃으며 손을 흔들었다

처음 보는 흰 벽이 있고
좀처럼 안 신던 신발을 찾아 신는다
나를 물고 네가 사라지려 한다
그늘과 그늘이 번진다

내 경계가 붉어진다

제4부

소나기 그치고

햇살에 영롱하게 반짝이는
회화나무 아래

올리브가 지천인 나라를 여행하는 중이라고요
밥은 잘 먹고 다니는지요

하늘과 구름과 바다가 있어서
세계의 경계는 아직 온전합니다

새를 사랑하는 사람과
새를 사랑하는 사람을
사랑하는
사람이 있어서
지구는 엉망으로 외롭습니다

시간과 공간이 아득하게 흘러가고
회화나무 잎들이
제각각 바람에 흔들립니다

익숙한 듯 낯선 풍경 아래

보이는 것과 보이지 않는 것들,
들리는 것과 들리지 않는 것들을
차분히 밀어내며

고요히 흔들리며 떨어지는
방울
방울

바닷가에 앉아

검은 고래의 날들을 흔들어 깨우면
줄지어 날아가는 하얀 갈매기

빛나는 해변을
걷고, 또 걸어

비치볼을 던지는 아이가 넘어지며 웃는다
손을 꼭 잡고 튜브를 타는 사람들

세계의 끝이 환했으므로
우리는 하나처럼 비켜선다

한번 가서 다시 오지 못하는 작은 새와
물을 통과하는 푸른색 무늬
사이로
반짝이는 햇살

밀려오고 밀려가는 파도를 따라
모래벌판에

골짜기처럼 생긴 상처를 보다가

할 일이 없어진 두 손을 맥없이 놓고
이쪽과 저쪽을 기웃거리다가
그만

모래를 움켜쥐고
저녁이 되는 사람들을
가만가만 다독이다가

깊이와 넓이를 재며
잔잔하게
출렁이는

푸른 나비 떼

씨

세포를 만든 눈과 눈을 만드는 세포들 사이의 방황과 적요
오후의 빛을 물끄러미 탈피하는
사마귀

새들의 무리와 숲에서 나오는 파동이
어째서 심장을 놓친 오늘의 노을이 되는지

오랫동안 구름의 등을 바라보며
바람의 유전자를 해독하는 돌의 무늬들

길과 길과 길을 찾는 문장의 서열들
이름을 놓아버린 무덤

해를 보고 숨어 버린
눈

파란 피아노를 치지

모래가 맑게 부서져 반짝이는 시간

그늘진 오후와 농담 중

환상이 보일 때 다가오는 뱀들을 조심해

환상 너머로 궤도를 이탈하는

또 하나의 붉은 각도

두 개, 세 개, 여섯 개

먼지와 빛으로 꽉 찬 무늬

무념무상으로 눈 속에 허를 찌르는 공간들, 색들

날 수 있을까, 떨지 않으면서

오늘을, 이 오늘을

그저 이 벼랑을

시름이 자는 동안에

그늘진 오후에

모래가 부서지는 동안에

가령 이럴 때
어떤 파란 기운이
손가락에서 자라나지, 서서히

세렝게티 초원 위에 가득한, 눈부신 뭉게구름과
나쿠루 호숫가의 분홍빛 띠를 기억하는
뼈를 사랑해

자신을 모래알에게 양보하면
아마 거대한 별이 눈과 귀에 쏟아질 거야
기어오르거나, 혹은 떨어지는 각도에 대하여는
침묵할 것

동그랗게 굽은 새를 울리고
망개나무 잎처럼 파란 심장을 탈탈 털어
네가 발음한 소리의 사이들을 줍는 일

서늘하게 텅 비어 있는 나무와도 같이
오래 버티기

한 사람의 숲

동고비와 알락할미새, 말똥구리와 장수하늘소, 흰괭이눈과 광릉요강꽃이 있는 숲
이슬비가 오는 숲

슬픔이 스스로 슬픔을 밀어내는 것처럼
빗방울은 스스로 빗방울을 밀어내고

홰나무에 숨은 새가 울음을 밀어 숲의 빈 공간을 채우는 동안
다시 복수초가 피고, 현호색, 콩다닥냉이가 피어

나무를 바라보는 사람, 하나

세 번 본 영화의 대사를 생각하며 걷는 숲

익숙한 듯 낯선 곳을 경험하듯
바람은 스스로 나무와 나무 사이를 통과하고

비구름을 지나온 맑은 빛이 문득

나뭇잎 하나하나를 빛나게 하면

　여보게, 나는 그저 먼지와 바람과 풀꽃같이 이 계절을 살고 있다네
　별꽃 아재비가 별꽃을 닮고 왼손은 오른손을 닮았다지만

휴일

버펄로들이 줄을 지어 어딘가로 가고 있었다
세 개의 강을 건넌 기억
기억과 기억의 길을 찾아 쉬지 않고 걷고 있었다

헬리콥터 아래를 보고 있었다
광활한 초원에서 군데군데 물을 먹는 얼룩말들이 있었다
흑백의 무늬가 아름다웠다
다리가 긴 빨간 새가 푸드득 날아갔다

언젠가 이곳을 기어이 와보고 싶었다
꿈만 같다 꿈을 꾸면,
소원이 이루어진다는 사실을 적당히 믿어도 좋을 것 같다

 흙 언덕에서 검은 소들이 자꾸만 미끄러져서 강물 속으로 빠진다
하나, 둘, 셋, 넷, 열, 스물, 서른
애들아 거긴 아니야, 아니야
살기 위해 죽음으로 미끄러지는 소들
울었다 분명히 엉엉 울었는데

눈물이 안 났다
그래도 계속 울었다

세계와 세계의 경계에 있는 소파를 끌어안고

춘분

생강나무에 앉은
노란 꽃불이

가장 먼저 입을 맞추는
벌에게

꿈의
불을 붙인다

그림자

햇빛이 온 세계에 가득해

새와 새가 서로의 중력으로 무리 지어 날아가고
구름이 제 그림자로
산과 들을 넘는 오후

거미가 허공에 내는 적막을 구울 것이다
아마도 조금은 견딜 수 있을 게다

혹등고래, 그

너의 그림자가 느리게 너를 통과한다

지상의 햇살은 늘 모자라고, 때때로 넘쳐난다

깊은 바다에서 혹등고래는 노래를 부른다

지상과 지하의 세계를 가로지르는 고저장단이
돌고 돈다

물과 하늘의 세계에 번지는
또, 하나의 파문

먼 곳이 너무 둥글어서
끝내 목소리가 아프고 외로운 형식

폭풍 흡입하여 걸러 낸 수많은 바다가 돈다

너의 그림자는 틈틈이 나를 통과한다

동행

질주하는 고요와 동행한다
서로를 모른 체하는 눈과 귀를 안다는 것
강의 발목을 흐르는 그늘 챙기기

담쟁이 덩굴

고양이, 푸른 비
뚝뚝뚝, 줄줄줄
맑기도, 울기도 하는 세계

발광하는 꽃잎, 초록 물고기떼
저녁의 시계, 신발이 쑥쑥 자라는

천막 밑에 개 한 마리
고양이, 푸른 비
배, 고파 그냥, 아파

다른 너를 붙들고, 너를 붙들고
다른 나를 디디고, 나를 디디고

다 같이 하나 되어
하나, 하나
때론 허공을 붙잡고

잠시 머무르다 너는 가고
잠시 머무르다 나는, 나는

뜻밖에 동백이 피어

밖에는 흰 눈이 간간이 뿌리는데
붉은 동백이 피어

잃어버린 이름이 뜻밖에 생각나는 것처럼
붉은 동백이 피어

윤기나는 초록 잎들 사이에
붉은 동백이 피어

동박새가 숨어서 우는데
붉은 동백이 피어

비가 오고, 바람 부는데
(새봄을 다지듯)
붉은 동백이 피어

하고많은 사람 중에 자꾸만 당신이 생각나듯
붉은 동백이 피고

또 동백이 피고 지고하네

앵무새

꽃비가 날려요

쏙 내민 입술에서 춤을 추는 발음들
핏빛과 풀빛의 차이를 아시나요

물의 그늘에서 풀려나오는 발음들

동그랗게 혀를 말아요
그대가 내밀어 준 손을 잡아요

배에서 심장까지 거리를 재단해요
사막에서 바다까지 바람이 불어요
파도 소리가 들려요

살아서 숨을 쉬는 물소리의 눈빛들을 보아요
목소리 그림자가 생겼네요

뚫어지게 바라보는 목구멍
목구멍엔 서늘한 동굴 하나가 있어요

그대 숲에서 뒹굴던 동굴

잊혀진 목소리 하나, 힘을 내요
당신과 당신과 더 닮은 당신을 아껴요

꿈

새로 돋아난 풀이 좋아

적당히 부는 바람, 시원하게 쏟아지는 여름비가 좋아
여름비에 코를 석자나 빠트리고 자는 달빛이 좋아

말똥풍뎅이, 공중연못이 좋아

돌리고, 꼬고, 접고, 늘릴 수 있는 시공에서
시로코가 불어오면 어떠리

마코앵무가 날아다니고
청띠신선나비가 날아오르는 동, 서, 남, 북
색색의 표정을 작은 잎새에 번역하는 것은 아마 나비의 일
늙은 거미에게 구름 그네를 선사하는 것은 허공의 일

지중해에 쏟아지는 해에게도 한 점 의혹이 필요할까
너무 밝아서, 너무 밝아서 깜깜하다고 외치는 사람

팔팔열차를 탈 땐 늘 내 몸이 기울지

외로 기울까? 생각하는 사이
시공이 사라진 두려움
그래도 좋다고 해야지, 아무렴

배를 저어갈까? 작은 배라도 좋아
천천히, 앞으로
각자의, 모두의, 하나의,
앞이라고 생각하는 앞으로

나와 너를 통과하는 오해마다
그저 잠이 솔솔 깃들길

백지가 감정이 있어요

흰빛이 아름답다고 느꼈지만
흰빛이 검은빛 같다고 했지만

검은 밤이 흰 밤이 되도록
하얀빛은 하얗게 빛나
검은빛이 하얗게 물러나고
하얀빛이 하얗게 물러나고

쓸쓸하고 아득해지는 기분이 너는 어떤지 아냐고
아득하고 막막한 기분이 너는 어떤지 아냐고

자꾸자꾸 물어오는 감정
감정이 감정을 물고서
모르고, 모르고, 모르는 태도

흰 밤에 흰빛이 여름 같아서
검은 밤에 흰빛이 겨울 같아서
찢고, 찢고, 또 찢어버리는 희망

사막에서 느끼는 흰빛과 검은빛
내게로 오는 빛은 무슨 색인지

무수한 색, 무리한 빛 사이에
모든 것이 걸쳐 있다고 믿는다, 너는

밤새 내리는 비, 밤새 내리는 눈
밤을 새우는 새, 부리가 무서운

다, 알 것 같은 모름의 영원
하품이 나네, 까만 잠을 자며 꾸는 하얀 꿈
검은빛이 아름답다고 느꼈지만

나는 검은빛이 흰빛 같다고 했지만

대담_하보경의 시세계

새의 길, 구름의 말, 멀리 가는 시

하보경 · 박성현

박성현 : 안녕하세요. 선생님. 오랜만에 뵙겠습니다.(웃음) 요즘 '안녕하세요'라는 단어가 새삼스럽습니다. '코로나19' 사태가 초래한 생활의 급격한 지형 변화 때문인데요. 저도 그렇지만, 하보경 시인께서는 이 코로나 국면을 잘 견디고 계신지, 그리고 정말 '안녕'하신지 여쭙습니다. 그간 어떻게 지내셨어요?

하보경 : 네, 박성현 선생님 반갑습니다. 저는 그럭저럭 고립된 곳에 숨어서!(웃음) 잘 지내고 있습니다. 이사 온 곳이 예전에 실던 곳과 많이 다른 환경이라 그 환경에 적응하는 중입니다. 코로나19는 우리 모두에게 갑자기 내려진 '어이없는 사태'라고 할 만한데요. 어이없다고 해야 할지, 황망하다고 해야 할지, 적당한 단어도 떠올리지 못할 만큼 어렵습니다. 인간 스스로가 만든

환경재앙이 인간이라는 존재를 얼마나 무력하게 만드는지, 인간이라는 존재가 생각밖에 얼마나 상상도 못할 만큼 쉽게 무너질 수 있는지 생각하게 만드는, 일대 희대의 사건이 아닐까요. 자연에 대해 인간이 정말 겸손한 자세를 가져야 할 것 같아요. 저는 이 사태 이후로 '자연'과 더 많은 시간을 호흡하고 있습니다. 치유가 거기 있다는 듯.

박성현 : '2020년 시사사작품상' 수상을 축하드립니다. 올해는 특히 치열했다는 후일담을 들었는데, 그만큼 벅차고 영예로우실 것 같습니다. 한국 서정시를 새롭게 표상하는, 그 느슨하고도 맹렬한 문장들이 향하는 이념과 의지에 대해서 하보경 시인의 소감을 한 번 더 듣고 싶습니다.

하보경 : 부끄럽습니다만, 정말 생각하지도 못한 과분한 상이 제게 주어졌습니다. 여러 가지 이유로 약간의 슬럼프를 겪고 있느라 시를 제대로 쓰지 못하고 있던 차에 이 소식을 들었습니다. 그래서인지 제게는 이 상이 더욱더 뜻깊게 느껴집니다. '괜찮아, 그럴 수 있어. 다시 힘을 내봐!'(웃음) 이렇게 선배 시인들께서 다정하면서도 준엄한 목소리로 격려해 주시는 것 같거든요. 이 자리를 빌려 심사위원분들께 다시 한 번 감사의 인사를 드립니다. 이 상을 계기로 제 문장은 좀 더 분명해질 것 같습니다. 새의 길이고, 구름의 말이어서 멀리 갈 것입니다. 경계를 지우고, 틀을 찢는 바람도 되고, 그물과 덫을 뒤덮는 눈도 되고요. 구속과 억압에 저항하는 '자유'이기도 합니다.(웃음)

박성현 : 새의 길, 구름의 말, 바람이라. 마치 문장에 자연을 고스

란히 옮겨온 것 같습니다.

하보경 : 인간 자체가 자연의 일부이기 때문에 자연을 떠나서는 살 수가 없겠지요. 이럴 때 자연은 반드시 대자연의 자연만을 뜻하는 건 아닙니다. 사람과 사람, 사람과 동물, 사람과 자연 등 서로의 관계에 있어서 인위적이지 않은 선한 자연스러움도 말하는 것이고요. 제 문장은 이런 생각에서 나오는 글이니, 자연의 서정과 동경과 경이가 녹아 있으며, 한편으로는 그 자연을 거스르는 것에 대한 안타까움이 스며들어 있다고도 말할 수 있습니다. 어진 사람들과 숲을 이루는 수많은 푸른 나무들과 바위, 계곡으로 흐르는 물, 형태와 목소리가 다양한 동물들, 그 숲을 흐르는 흰 구름, 선선한 바람은 제가 아주 많이 좋아하고 끝까지 사랑할 자연이며 제 문장의 자유와 미학의 근간을 이룰 것입니다.

박성현 : 자연을 실재와 환상이 뒤엉킨 곳으로 예비하는 선생님 말씀에 깊이 공감합니다. 모든 신화의 모태이며, 무엇보다 인간이 인간으로서 스스로 일어서게 된 곳이 바로 자연이기 때문입니다. 그리고 "시는 필연적으로 자연의 숨결을 듣는다"는 말은, 지금 우리에게 상당히 울림을 주고 있습니다. 아까 말씀하셨듯, '코로나 19'라는 비상사태도 결국 자연에서 온 것이라면, 우리는 자연을 폭력적으로 다룬 지난 세기를 반성하고 성찰해야 함은 당연하겠지요. 위 문장을 좀 더 밀고 나가면, "자연의 숨결을 듣지 못하게 하는 모든 것은 폭력이며, 시는 그 폭력에 저항하는 언어의 유일한 방식이다"로 다시 정의할 수 있겠습니다.

하보경 : 네, 맞습니다. 인간이 인위적으로 거느리는 공간보다는

자연이 거느리는 공간이 더 많아야 한다고 생각합니다. 자연의 그늘을 자꾸만 좁혀나가는 짓은 인간들이 만드는 환경재앙입니다. 자연의 그늘이 많을 때 수많은 생명이 땅과 하늘과 물에서 숨을 쉬며 살 수 있습니다. 숲에서 강제로 데리고 온 아기 코끼리에게 하던 '파잔의식'을 거두고 엄마가 있던 광활한 숲으로 다시 돌려보낼 때, 코끼리도 살고 우리 인류도 살 것입니다. 그런 일을 아무렇지도 않게 바라보는 인간은 이제 그만하자고 말하고 싶습니다. 자연은, 자연의 숨결은 지켜져야 합니다. 그들의 고귀하고 신비한 숨결을 듣는 이 중에는 아무래도 시인이 많으리라 생각합니다.(웃음)

박성현 : 저도 격렬하게 동의합니다!(웃음) 하보경 시인께서는 언젠가 "완전한 자연 속에서 살고 싶은 마음은 있지만 그렇게 하는 것도 용기가 있어야 할 수 있는 일"이라는 말씀을 하셨습니다. 자연을 동경한다는 것과 자연―속―에서 함께 산다는 것은 분명 다른데요. 선생님의 삶은 어떻습니까?

하보경 : 몇 달 전에 우연히 이사를 하게 되었는데요. 이곳은 중원산이라는 큰 산이 가까이 있고 옆에 계곡물이 흐르는 곳이라서 어느 정도 자연에 접해 있는 동네죠. 이사하기 전에 회사에서 키우던 진돗개가 여러 마리가 있었어요. 그 개들을 데리고 아파트로 갈 수도 없고, 사람 많이 사는 곳으로 갈 수도 없어서 지금의 큰 산과 가까이 있는 곳으로 오게 되었습니다. 여기서는 개가 좀 맘 놓고 짖어도 괜찮을 것 같아서요.(웃음) 그런데 막연히 자연을 동경만 하다가 갑자기 녹음이 우거진 자연 속에서 살게 되니 오히려 현실이 아닌 이상 세계나 환상의 세계에 와 있는

듯한 착각도 들고요. 신기한 일도 많이 겪고 있습니다. 여름밤이면 물가에서 개구리 소리가 두꺼운 이중 유리창을 뚫을 정도로 우렁차게도 들려옵니다. 또 한밤중에 개집 근처에 짐승 눈알 같은 것이 왔다 갔다 해서 내려가 보니 반딧불이었어요. 진짜 환상적이었죠. 반딧불이가 개집 근처에 있는 걸 보고 비로소 반딧불이를 개똥벌레라고 부르는 걸 이해했어요. 그 외에도 대문 앞에 서 있는 고라니도 보고요. 뱀도 보고요. 산꿩도 놀러 오고요. 집안 나무에 각종 새가 와서 노래를 부르죠. 이른 아침엔 이름 모를 맑은 새소리가 귓가를 울려 잠을 깨죠. 물론 종류도 다양한 벌레가 자주 나타나서 놀라게 하기도 하지요. 호기롭게 마당의 풀밭을 정리하겠다던 딸이 개구리를 보더니, 기절하고 들어가서 다시는 엄마의 호위 없이는 마당을 내서지 못하게 되었지만 그림을 그리는 딸이나 시를 쓰는 엄마나 하루하루 롤러코스터를 타는 것같이 흥미로운 이곳 전원생활에 점점 익숙해져 가는 중입니다. 물론 흥미로우면서도 미처 생각 못 한 두려움도 있지만, 이제라도 이런 귀한 경험을 할 수 있게 되었다는 사실에 감사하며 살고 있습니다. 그러나 항상 경계에 머물러 있는 삶처럼 대도시가 고향인 저로서는 마음 한 쪽으로 늘 도시를 동경하는 마음도 가지고 있습니다. 자연에 있으면 도시가 그립고, 도시에 있으면 또 자연을 동경하는 것이 또한 자연스러운 인간의 삶이 아니겠나 하는 생각입니다.

박성현 : 그 삶은 아련할 뿐이겠지요. 아련하니 오래 머물러야 하는, 그러나 지칠 수밖에 없는 '생활―세계'는 아쉽습니다. 2019년에 발표한 시, 「모과의, 모과에 의한, 모과를 위한」에서 선생님은 이렇게 노래하십니다. "느끼니?// 어느 별과 별에서 내게로

쉬지 않고 달려온/ 빛들을 살풋살풋 걷다 보면/ 일 년 전, 십 년 전을 건너던 기억들이/ 모과의 향기처럼 우리를 아련히 감싸는 순간이 온다는 거"라고요. 치유란 되새기는 것이고, 무수한 별빛들 하나하나를 받아들이는 것이며, 결국은 모과 향기가 우리를 아련히 감싸는 순간입니다. 하지만 시가 노래한 것처럼 그런 감각들은 태생적이거나 적어도 오랜 시간에 걸쳐 훈련에 훈련을 거듭해야 열리지 않을까요? 이미 우리들은 오염되어 있거든요.

하보경 : 우리는 늘 삶을 건너며 살고 있다고 생각합니다. 행복할 때도 있지만 때론 상처를 받고, 아프고, 슬프고, 외롭습니다. 세상에서 나 혼자 이 모든 고행을 겪는 것같이 외로운 순간도 있지요. 말씀하셨다시피 우리들은 이미 오염이 되어 상처를 치유할 힘도 잃어버린 게 아닌가 하는 생각도 들지요. 그러나 강해서 살아남은 게 아니고 살아남았기 때문에 강한 거라는 말이 있듯이 『페스트』의 주인공인 의사 '리유'처럼 어느 순간이든 받아들이고 묵묵하고 성실하게 그 순간 최선이라고 생각하는 노력을 기울여 살아나간다면 반드시 '살아남아서 아름다운 순간'이 오리라 생각합니다. 살아남았기 때문에 두려운 시간도, 외롭고 슬픈 시간도, 모과의 향기처럼 향기롭고 귀한 시간도 가질 수 있을 것입니다.

박성현 : 2017년으로 기억합니다만, 선생님의 작품 중에서 「바르다, 바라보다」를 리뷰한 적 있습니다. 제목도 특이했지만, 문장을 풀어나가는 시인의 감각에서 어딘지 모르게 폭력을 구원하려는 윤리와 미학을 읽었습니다. 인상 깊었던 구절은, "바르다는 말은 얼마나 바른가"였습니다. 자칫 동어반복처럼 들릴지도

모르지만, 저는 이 문장에 오랫동안 머물렀습니다. 어쩌면 바로 여기가 하보경 시인만의 독창적인 부분일지 모르겠습니다. 자연의 숨결을 듣는 자만이 가질 수 있는 '윤리'가 그것입니다.

하보경 : 맹자의 '성선설'이나 순자의 '성악설'은 결국 의도를 읽으면 인간으로서 선하고 바르게 살려는 노력을 게을리 하지 말라는 소리 아니겠어요. 인간이 인간이나 자연에 저지르는 폭력에 대한 심오한 반성과 성찰이 있고, 평화롭게 살고자 노력한다면, 그것은 인간과 자연이 다 같이 행복하게 잘 살 수 있는 길이 될 것입니다. 벌레 먹은 이파리를 보며 지인과 이야기를 나누었는데요. 사람의 눈으로 보면 벌레 먹은 이파리가 정상으로 보이지 않아서 비정상이라고 말할 수 있으나 자연에선 벌레 먹은 이파리도 결국 자연스러운 거라는 말을 하는 지인의 말을 듣고 큰 깨달음을 받은 적 있습니다. 확신에 찬 바보라는 말이 있듯, 그 순간 내가 '바르다'라는 개념으로 생각해온 것이 과연 얼마나 바른 것일까 하는 생각을 했습니다. 국가나 사회 등 상징계에 있는 법이나 관습, 도덕, 윤리라는 것도 시대나 장소, 종교에 따라 다르곤 하니 어떤 것에 대해 내가 꼭 올바르다는 확신으로 열린 세계를 닫아버리는 일은 하지 말아야겠다는 생각을 합니다.

박성현 : 그런 맥락에서 "숲속에 발을 들여놓지 마/ 가여운 새// … (중략)… // 새의 날개가,/ 전설처럼 눈부신 깃털이 물 흐르듯 흘러가던 하늘은/ 말이 없고, 생각이 없고/ 그저 텅 빈 하늘"(「새」)이라는 문장은 섬뜩합니다.

하보경 : 푸른 하늘엔 빛나는 하얀 구름이 흘러 다니고, 전설처럼

아름다운 새가 마음껏 날아다니며 신비하고 아름다운 목소리로 노래를 부르는 아름다운 풍경을 보는 일은 상상만 해도 가슴이 뛰는 일입니다. 그러나 현실로 돌아와 현재 세계 곳곳에서 벌어지는 환경파괴와 지구의 종말을 생각하면 참 우울해지는데요. 지상의 강과 하천에서는 농약에 오염된 물이 범람하고, 이제 하늘에서도 신선한 공기 대신에 미세먼지가 가득하다면 어떨까요? 푸른 하늘을 아름답게 비상하는 새는 일종의 자유와 희망의 상징이기도 하지만 실제로 극락조나 공작 등의 아름다운 깃털은 종교 의례에 사용되었을 만큼 인간과 신 사이에 메신저 역할을 하는 신화 같은 존재로서 시인의 상상력에 날개를 달아주기도 합니다.

박성현 : 이제 하보경 시인의 문장으로 화제를 돌리겠습니다. 확실히 선생님께서 지향하는 문장은, 우리가 지금까지 살폈던 것처럼 정확히 전통 서정시라 일컬어왔던 그 좌표를 찍고 있습니다. '세계의 주관적 내면화'라는 다소 추상적인 규준과 문장이 대칭하고 스며드는 대상도 '생활'이라는 일상적 경계를 벗어나지 않고 있습니다. 거기에 더해 '자연'을 오로지 자연 그 자체로서 받아들이는 태도도 보입니다. 물론 여기까지는 우리가 서정시라 부르는 수다한 시들의 전통에 속합니다.

하보경 : 순수하게 자연을 노래한 시거나 작가 자신의 개인적인 감동과 정서를 주로 나타내는 시를 우리가 흔히 말하듯 서정시라고 하는데요. 그렇게 생각하면 저를 포함한 대다수 시는 서정시의 범주에 있다고 생각합니다.

박성현 : 그러나 하보경 시에서는 뭔가 다른 지향이 보입니다. 에두르지 않습니다. 그렇다고 직설하면서 불편한 긴장은 유발하지 않습니다. 문장은 흘러가고 대상을 감쌉니다. 하지만 그 대상에 닿을 때의 문장은, 이를테면, "하늘과 구름과 바다가 있어서/ 세계의 경계는 아직 온전합니다// 새를 사랑하는 사람과/ 새를 사랑하는 사람을/ 사랑하는/ 사람이 있어서/ 지구는 엉망으로 외롭습니다"(「소나기 그치고」)라는 역설이 배치됩니다. 세계를 시인의 내면에 완전히 주관화하는 일이란 일종의 동일화인데, 하보경 시인은 동일화를 거부하면서 세계를 있는 그대로 보여줍니다. 조금 과장한다면, 전혀 가공되지 않은 채로 말입니다.

하보경 : 자아와 세계의 동일성은 시의 원래의 모습이자 시인이 몽상하고 갈망하는 고향입니다(김준오). 그러나 제 시에서 동일화를 거부하면서 세계를 있는 그대로 보여주신다고 하셨는데 의식을 하고 그렇게 쓰는 건 아닙니다. 다만 시 창작을 하는 순간 그때의 여러 가지 상황에 의하여 시가 흘러나오는 대로 받아 적을 뿐이죠. 저는 제 시에서 저의 어떤 사유가 도드라지기보다는 미학이 드러나는 시를 추구합니다.

박성현 : 그렇다고 해서 사실주의 문학처럼 세계를 변증하지도 않습니다. 한 가지 재미있는 부분은 선생님은 의지적/무의지적으로 판타지—세계를 내면화하기도 합니다. 일전에 「식물, 아니면 동물이지」라는 시를 보면서, "이런 서정이 21세기의 특징이겠구나"라는 생각을 했습니다. 시를 읽겠습니다. 웃지는 마세요.(웃음) "사각의 틀에서 새를 날리고/ 날린 새를 다시 잡아들이고// 층계를 굽거나, 골목을 구워내는 일은// 여름이 오고, 또

여름이 오는 일과 같아서/ 구름이 피고, 또 피어오르는 일과 같아서// 자꾸 슬퍼지거나/ 자꾸 그립거나// 안녕? 안녕? 포르르르, 포르르르/ 난 새야, 진짜 새라니까" 마치, 미국 SF 소설가 필립 K. 딕의 장편 『안드로이드는 전기양의 꿈을 꾸는가?』라는 작품을 읽는 기분이었습니다. 「코드블루」의 "마음이 함부로 사라지고/ 모자가 멋대로 사라지고/ 코끼리가 멋지게 사라지고/ 고양이가 수상하게 사라지는/ 귀퉁이에 사는 어떤 마을// …(중략)… // 여행에서 만난 구름같이 빛나고 아득한/ 하양"이라는 문장도 마찬가지였죠. 어쩌면 사실주의가 눈감은 바로 그곳에서 갑자기 하보경 시인의 서정이 튀어나오는 건 아닐까요.

하보경 : 네, 저도 선생님이 말씀하신 그 책을 꼭 사서 읽어봐야겠군요. 굉장히 매력적인 책일 것 같아요.(웃음) 제가 제 시를 얘기할 때 '서정적 환상'이라거나 '환상적 서정'이라고 얘기하는데요. 미세한 차이가 있으나 맥락은 둘 다 같은 얘기입니다. 시대가 달라진 만큼 아무래도 시어의 사용이나 감정을 표현해내는 면에 있어서 고전적인 방법과는 차이가 있겠지요. 그런 면으로 본다면 과분하지만 제 시를 '신서정', 또는 '21세기의 서정'이라고 표현해도 좋을 듯합니다. 그러면서도 제가 전통적인 서정에 한쪽 발을 담그고 있는 것 또한 사실입니다. 제 시의 서정은 평론가 이성혁 선생님이 말씀하셨듯 제가 많이 쓰는 '새' 이미지에서 기인한 게 아닌가 하는 생각을 하기도 해요. 도시에서 살며 꿈을 꾸듯 자연을 그린다는 면에서도 자연은 어떻게 보면 환상적일 수 있는데 자연 안에 살면서도 많은 두렵고 신기한 일들을 경이롭게 경험하면서 자연 자체가 환상적으로 느껴질 때가 많습니다. 그런 면에서 제가 자연이 실재이면서도 환상적인 요소

가 있다고 했는데요. 숲속에 들어가서 그 숲을 이루는 다양한 생명체가 하나하나 스스로 이루어진 걸 보면 정말 경이롭고 숭고하기조차 해서 자연 자체가 마치 실재가 아닌 환상의 세계로 다가옵니다. 그것뿐만 아니고 지금 시대는 자기의 조그만 방안에서 책상 위 컴퓨터만 틀면 수천 킬로 떨어진 외국 친구들과 실시간으로 대화하고, 지구상 온갖 정보를 다 캐내어 사용하고 저장할 수 있습니다. 이처럼 사람들은 실재이며 동시에 환상의 시대를 삽니다. 제 시도 많은 부분 자연에서 소재를 빌려오지만, 표현 면에서 실재와 환상의 요소를 구분하지 않고 사용합니다. 이 '새'라는 이미지가 자연의 그런 실재적이면서도 환상적인 이미지와 딱 닮은 것 같아요. 두 발을 땅에 딛고 살아야 하는 인간들에게 있어서 '새'라는 이미지는 단순히 '새'라는 동물만을 말하는 게 아니겠죠. 게다가 시인에게 있어서 '새'라는 이미지는 더욱더 특별하게 다가오는 것 같아요. 시를 쓰면 자꾸 '새'가 생각나죠. 이것은 제 잠재의식 속의 무언가가 의식적으로 자꾸만 '새'를 부르는 것 같은 느낌도 듭니다. '새'를 부르면 아득한 하늘이 생각나고, 빛나는 구름이 생각나고, 눈부신 하양이 저를 감싸는 듯해요. 날아가서 다시는 오지 못하는 어떤 이별에 대한 생각도 납니다. 이런 걸 보면 저는 자꾸 무의식적으로 먼 곳을 그리워하고 동경하는 습관이 있는 것 같습니다. 하늘을 비상하는 새는 대기나 바람의 상징이며 하늘로 날아오르는 그 모습에 의해 신의 중재자, 또는 신의 화신으로 보기도 합니다. 예부터 새는 죽음과 삶을 연결해주는 신화적 이미지의 동물입니다.

박성현 : 그러므로, 깊은 잠에 빠진 세계가 눈 뜨기 직전의 풍경과 기분이 선생님의 서정입니다.(웃음) 살아감의 실존이 극렬하게

팽창한 순간들, 혹은 그 에로스의 집중과도 같은 그런 순간들, 또한 판타지처럼 '전기양의 꿈'이 서로 대칭하며 길항하는 언어의 뚜렷한 직관 말이죠. 그래서인지 선생님 시의 주체는 세계를 움켜쥐는 강한 악력握力을 가지고 있습니다. 이것이 "세계의 끝이 환했으므로/ 우리는 하나처럼 비켜선다// 한번 가서 다시 오지 못하는 작은 새와/ 물을 통과하는 푸른색 무늬/ 사이로/ 반짝이는 햇살"(「바닷가에 앉아」)이라는 선명한 이미지가 문장 곳곳에 각인된 이유이기도 하고요.

하보경 : 선생님께서 제 시를 정말 잘 읽어주셨는데요. 일상에서 우리는 소소한 행복을 건져 올릴 수 있고 가까운 사람들을 사랑하며, 또는 먼 곳에 있는 사람들에게도 사랑을 나누어 주려는 인간다운 노력을 하며 살고 있지만, 본의 아니게 일상에 의해 많은 상처를 받기도 하고 고난을 겪기도 하지요. 그래서 일상을 떠난 미지의 세계, 희망의 세계를 꿈꾸기 위해서 자꾸 고개를 들어 먼 곳을 보고, 먼 곳의 끝이자 시작인 세계의 끝을 보는 게 아닐까요? 미지의 먼 곳은 너무나 환하고 아득하고 반짝인다는 상상을 하면서요.(웃음) 늘 한 쪽 손에는 일상이라는 규칙 안에 든 자아를, 다른 한쪽 손에는 일상을 벗어나 자유롭게 흘러 다니며 세계 곳곳을 여행하고 다니는 꿈같은 자신을 상상하고 있어요. 그러나 여행은 돌아오기 위해 한다는 말처럼 결국 꿈꾸듯 일상으로 다시 돌아오는 자신과 늘 타협하며 일상과 꿈의 세계를 오갑니다. 세계를 어떻게 흡수하고 받아들이며 나름대로 해석을 하고 또 그것을 내면화하여 시의 언어로 창조하고 세상 밖으로 내보내는 일은 어렵습니다.

박성현 : 내친김에. 이런 문장은 또 어떨까요. "그가 다녀간 일이 있다 그럴 것이다/ 어제의 어제, 그제의 그제, 이런 잔상들을 버리려고"(「어느 날 낯선 구름 안에 내가 갇혀 버린다면」)라는 구절은 메시아의 도래라는 종교적 비의를 연상케 합니다. 게다가 "어제와 오늘은 같았고, 또 달랐고/ 오늘과 내일은 다르고 또 같아질 것이다// 누군가를 보고 싶다고 생각하거나/ 누군가를 보지 않았다는 생각을 했다// 노란 새를 찾고 싶다는 생각을 했고/ 노란 새를 찾지 않았다는 생각을 했다"(「노란 새와 나와 입」)라는 특이한 문장은 연상의 변증마저 무력화시킵니다.

하보경 : 제가 앞에서도 말씀드렸지만, 사람은 항상 일상과 꿈 사이를 방황하는 존재인 것 같아요. 마치 도시 속에 있을 때는 자연을, 자연 속에 있을 때는 도시를 동경하듯 말이에요. 꿈을 다른 말로 하면 신이라고도 할 수 있을 것 같아요. 꿈을 꾸는 것은 자기 자신이 스스로 줄 수 있는 메시아적 행위가 아닐까요. 인간이 꿈을 꾼다는 행위는 그래서 자기 자신을 더 치열하게 사랑하는 행위라고 생각합니다. 선생님이 말씀하셨듯, 메시아의 도래로 인류를 구원한다는 종교적 비의와도 같이, 꿈꾸듯, 시를 쓰는 행위를 통해 저 자신 스스로 치유되고 구원받고 싶은 마음이 무의식으로 표출되었을지도 모르겠습니다. 치열한 일상을 살고 있거나, 꿈을 꾸거나, 꿈을 오롯이 품는 일을 하는 저 자신을 발견합니다.

박성현 : 저도 동의합니다.(웃음) 만년의 하이데거도 자연으로 회귀한 자신에게서 인간의 이상향을 발견했고, 부처도 우리에게 자신을 섬으로 삼고, 자신을 의지하여 머물라고 유언하셨습니

다. 자본주의가 상품으로 대상화해버린 세계의 모든 것들은 인간 주체에 의해 다시 한 번 극복될 가능성을 본다는 것입니다. 좀 전에 인용한 시를 한 번 더 읽겠습니다. 그 시에는 이런 유려한 문장이 있습니다. "보이지 않게 흐르는 기쁨과 슬픔 들을/ 모두 토해낸다면/ 끝없이 밀어내며 밀려가는/ 저 구름의 뼈대를 쥐어짜고 흐르는 푸른 계곡과/ 빽빽한 숲을 후드득 훑고 가는/ 거친 바람과 마주한다면, 그렇다면." 확실히 독자들은 인용 구절 마지막의 '그렇다면'에서 시인의 감정이 응집하고 폭발하는 걸 느끼게 됩니다. 시인이 갈망하는 '자연'이란 곧 인류가 되돌리고자 하는 시간이고 도래하기를 간절히 바라는 자연과 동일합니다.

하보경 : 인간들의 동경과 그리움을 품에 안은 채 예부터 지금까지 많은 시인이 자연을 노래했고 앞으로도 그럴 거라는 생각을 합니다. 이런 걸 보면 인류나 동물들을 위해서도 자연은 지켜져야 하지만 시를 쓰는 시인들을 위해서도 자연은 지켜져야 하겠지요.(웃음) '도리'와 '윤리'는 사람을 대할 때만 있는 게 아닙니다. 사람이라면 모름지기 큰 관점에서 '생명—중시' 사상을 길러야 한다고 생각합니다. 이건 도덕과 윤리적 측면도 있지만, 인간의 양심입니다. 그리고 결국 인간의 양심을 올바로 되찾는 일이 인간 자신을 위하는 길이기도 합니다.

박성현 : 요컨대, 선생님의 윤리는 '겨울'을 향하는 감정의 중의성에서 성립합니다. 『시사사』 포커스에서 말씀하신 부분을 다시 인용하겠습니다; "이번 겨울은 마치 겨울과 봄 사이에 계절이 하나 더 생긴 것 같은 느낌을 받았어요. 겨울도 아니고 봄도 아

닌 날씨 말이죠. 북극곰이 걱정됐어요. 점점 녹고 있는 얼음판 위를 건너다 산만한 덩치를 끌고 바다로 풍덩 미끄러져 들어가는 곰의 황당한 눈빛을 잊을 수가 없어요. 공룡도 멸종되었는데 이젠 북극곰도 볼 수 없으면 인간 혼자 이 지구에서 살아남을 수 있을까요? 차, 에어컨, 공장, 대규모 농장 등 어느 하나 인간이 관련 안 된 게 없는데 인간이 스스로 만드는 이 환경 재앙을 어떻게 하면 좋을까요." 여기서 시인의 감정은 정확히 '곰'의 감정으로 확장합니다.(주관화가 아니라 '확장'입니다!) 그리고 이 문장들은 「새의 감정」이라는 시로 고스란히 흘러갑니다. 읽겠습니다. "어떤 새의 모양/ 그저 꽃바람에 들고 있지요// 시작에서 시작으로/ 끝에서 끝으로 가는 감정/ 내 것이 아닌 감정// 흰 구름으로, 먹구름으로 피어오르다/ 사라지는 감정/ 다시 모이는 감정// 내 것인 감정/ 내 것이 아닌 감정// 어느 새의 감정" 읽으면 읽을수록 혀끝에는 '서정'의 명징함이 맴돌 뿐입니다.

하보경 : 곰은 지구상에서 얼마 남지 않은 큰 동물인데요. 곰이 사라진다면 인간의 세상도 그리 길지 않을 수 있겠다는 것이, 굳이 많은 전문가의 말씀을 빌지 않더라도 우리 모두 느끼고 있는 상황일 거예요. 곰의 눈빛을 보며 느끼는 안타까운 감정이 도덕적, 윤리적, 성찰적 감정이라면, 생활 속에서도 사람과의 관계에서도, 사람의 감정은 꽃피듯 안개가 피듯, 다양한 감정으로 피어오를 때가 있지요. 어떨 땐 내 것이면서 내 것이 아닌 것 같을 때가 있어요. 스스로 느끼는 감정을 보면서 내가 왜 이러지? 예전엔 안 그랬는데, 또는 내가 이렇게도 생각을 하다니! 하면서 낯설어합니다. 앞에서 얘기했듯, 시를 쓸 때 '새'의 이미지는 다양한 감정으로 쓰이는데요. 뒤도 돌아보지 않고 높은 창공을

훨훨 날아가는 새를 보면 자유롭게 보이기도 하지만, 멀리멀리 점으로 가다가 드디어 눈 밖으로 사라지는 새를 보면 쓸쓸함이나 아픔, 허무함 등, 이별의 감정도 떠오르곤 하죠. 만나본 적도 없는 그리움도 있겠지만 만남이 있고 난 뒤에 이별은 더욱더 애틋하고 애잔한 감정이겠죠. 감정과 감정이 자꾸 동어반복적인 리듬으로 나올 수밖에 없습니다.

박성현 : 한 가지 더. 하보경 시인의 서정에서 반드시 언급되어야 할 것이 있습니다. 바로 멜랑콜리입니다. 서정이 판타지를 흡수했을 때의 유려한 '웃음'이 나타나기도 합니다. 앞에서 살펴본 것처럼 선생님의 몇몇 시편은 정확히 이를 향하고 있습니다. 그런데, 어떤 시는, 예컨대 「백만 년 동안 잘 익은 사과를 기꺼이 내게 주세요」나 「다정한 꿈」, 「쉬땅나무와 나」는 이 멜랑콜리의 성공적인 시화詩化를 보여주고 있습니다. 특히, 다음의 문장들;

> 쉬땅나무와 나와
> 익숙지 않은 감정과 거리가 잠긴
>
> 개개비사촌은 울고
> 개개비는 울지 않는다
>
> 쉬땅나무에 가서 다 말하면 된다
> 울거나, 울지 않거나
> 쉽게 잠기는 것들에 대한 경의를 표하기만 하면 된다
>
> 손톱이 까맣게 되는 건 아니다

—「쉬땅나무와 나」 부분

은 시인과 세계의 거리를 유지한 채 서로를 완전히 흡수하고 가역하면서도 동화되지 않는 특이한 상황을 연출하고 있습니다. 이것은 '슬픔'이라는 감정이 바탕이 되지 않으면 이뤄낼 수 없는 것이기도 합니다. 선생님의 서정에는 '멜랑콜리'라는 미학과 윤리가 명징하게 각인되어 있습니다.

하보경 : 제 시를 잘 읽어 주셔서 감사합니다. 선생님께서 '멜랑콜리'와 '윤리'를 읽어주셨는데요. 제가 생각하기에 '멜랑콜리'는 대다수 인간의 기본적 정서라고 생각됩니다. 아무리 인간이 사회적 존재라서 사회 속에서 인간과 부대끼며 살아가지만 '군중 속의 고독'이나 '연극이 끝나고 무대 위에 혼자 남은 배우'처럼, 인간의 근원적 고독은 죽음이라는 목적지를 앞에 놓고 유한한 삶을 살아가야 하는 개체로선 어쩌면 당연히 깔려 있을 수밖에 없는 쓸쓸한 정서입니다. 그 외에도 다양한 이유로 '인간의 정서는 자주, 또는 때때로 '멜랑콜리'해집니다. 제 경우는 기쁘거나 행복할 때처럼 인간의 정서와 감정이 충분히 충족되었을 때보다는, 그립다거나 외롭다거나 쓸쓸하다거나 힘들다거나 약간은 목마르고 모자란 감정에 놓여 있을 때 무언가 쓰고 싶고 표현하고 싶은 욕구가 더 생기는 것 같습니다. 제 시가 좀 '멜랑콜리'한 정서가 보인다면 이런 이유가 있을 것입니다. '윤리'라는 개념도 인간이 인간임을 스스로 성찰할 수 있게 만드는 개념이라고 생각합니다. 서로가 서로에게 손해를 끼치지 않으려는 마음, 유약한 생명체를 사랑하는 마음에서 윤리가 태어난다고 치면 '멜랑콜리'한 정서나 윤리적 태도는 모두 인간이 인간적임을

잘 드러내 주는 행위가 아닐까 싶습니다. 제 시에서 이런 부분이 보인다면 아마도 이런 인간적인 부분을 좀 더 표현하고 싶었던 것이 아니었을까요.(웃음) 그러나 시는 언어로 만드는 예술이므로 가급적이면 제 시의 언어를 잘 다듬어 예술의 영역으로 보내길 소망합니다. 하지만 아직은 마음에 차지 않는 부분이 많습니다. 많이 노력해야 합니다.

박성현 : 맞아요. 시인의 문장에는 마침표가 없습니다. 왜냐하면, 그의 문장은 결코 사라지지 않은, 혹은 이 세상에서는 산출될 수 없는 문장이기 때문입니다.(웃음) 간만에 아주 오랜 대담이었습니다. 선생님 말씀처럼, 오늘 저녁에는 기필코 자연-속-의 한 사람으로서 달콤하고 쌉싸름한 '초콜릿'을 먹어야겠습니다. 감사합니다. 詩

| 하보경 |

서울에서 출생했다. 동국대학교 문화예술대학원을 졸업했다.
2014년 『시사사』로 등단했으며, 2020년 제6회 시사사작품상을 수상했다.
2021년 첫시집 『쉬땅나무와 나』가 우수출판콘텐츠에 선정되었다.

이메일 : poemmari@naver.com

쉬땅나무와 나 ⓒ 하보경

초판 인쇄 · 2021년 6월 10일
초판 발행 · 2021년 6월 15일

지은이 · 하보경
펴낸이 · 이선희
펴낸곳 · 한국문연

서울 서대문구 증가로29길 12-27, 101호
출판등록 1988년 3월 3일 제3-188호
대표전화 302-2717 | 팩스 · 6442-6053
디지털 현대시 www.koreapoem.co.kr
이메일 koreapoem@hanmail.net

ISBN 978-89-6104-286-4 03810

값 10,000원

* 잘못된 책은 바꾸어 드립니다.

*** 이 도서는 한국출판문화산업진흥원의
'2021년 우수출판콘텐츠 제작 지원' 사업 선정작입니다.**